Adolphe MICHEL

NAPOLÉON Ier

dans le Calvados

Sa Réception
à Bayeux et à Isigny

LE 26 MAI 1811

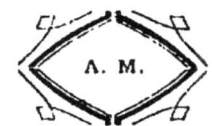

BAYEUX
TYPOGRAPHIE GASTON COLAS
Rue Royale

1911

Adolphe MICHEL

NAPOLÉON Ier
dans le Calvados

Sa Réception
à Bayeux et à Isigny

LE 26 MAI 1811

BAYEUX
TYPOGRAPHIE GASTON COLAS
Rue Royale

1911

IL Y A CENT ANS

Napoléon Ier dans le Calvados

SA RÉCEPTION A BAYEUX ET A ISIGNY

le 26 Mai 1811

Depuis longtemps Napoléon Ier se disposait à aller à Cherbourg pour donner une nouvelle impulsion aux grands travaux entrepris sous le règne de Louis XVI et continués pendant la Révolution, dans le but de rendre ce port imprenable et de le mettre en état de protéger la flotte qui, sans cesse, était chargée de surveiller l'Angleterre.

Aussitôt que l'époque de ce voyage fut fixée, une députation des électeurs du Calvados fut envoyée à Paris, elle se composait de : MM. Le Sens de Folleville, président du collège électoral ; Le Forestier de Vendœuvres, maire de Caen ; Genas-Duhomme, maire de Bayeux ; La Fresnaye de Saint-Aignan, maire de St-Aignan ; Bourdon, juge à la Cour d'appel de Caen. Ces Messieurs furent présentés à l'Empereur et lui firent part des vœux des habitants du Calvados, qui lui demandaient de vouloir bien s'arrêter chez eux lorsqu'il traverserait la Normandie, cette belle portion de l'empire qui fut le berceau de Guillaume-le-Conquérant.

« J'agrée vos sentiments, répondit Napoléon, les peuples de Normandie se sont toujours distingués par leurs bonnes qualités. S'il y a encore dans votre département des traces des temps malheureux qui ont précédé mon règne, je désire qu'elles s'effacent entièrement. Le crime ne saurait être atténué par le rang des personnes ».

L'Empereur confirma aux délégués du Calvados que son intention était de s'arrêter à Caen, pendant son voyage à Cherbourg.

***

Le 22 mai 1811, l'Empereur, l'Impératrice Marie-Louise et une nombreuse suite arrivaient à Caen où des fêtes splendides étaient organisées en leur honneur ; le nom de Napoléon fut donné à la rue Guilbert, dont l'hôtel de Calmesnil, situé dans cette rue, devint pendant ces jours le palais impérial (1). La garde d'honneur, chargée d'assurer le service d'ordre, se composait d'infanterie et de cavalerie ; les gardes à pied étaient sous le commandement de M. Le Petit de Courville, et les gardes à cheval sous celui de M. de Mathan, tous équipés à leurs frais. Recrutée dans les plus riches familles du département, la cavalerie formait trois compagnies, la deuxième qui comprenait les arrondissements de Bayeux et de Vire, était commandée par un ancien émigré, M. Labbé de Druval, qui avait été détenu à la prison du Couvent de la Charité à Bayeux, au commencement de la Révolution. La tenue de ce corps d'élite, qui avait été réglée dès le mois de novembre 1810 par le Préfet du Calvados, était très élégante.

Après quatre jours passés en revues, fêtes et réceptions, Napoléon quittait la ville de Caen, où il laissait sa garde d'honneur, pour continuer son voyage à Cherbourg.

***

Le 26 mai, dès le petit matin, les routes conduisant à Bayeux étaient encombrées de gens à pied et à cheval, de bidettes portant les fermières les plus fortunées, parées de leurs belles toilettes normandes.

Dès six heures, le rappel était battu dans les rues de la cité pour rassembler la garde nationale qui devait se porter au-devant de l'Empereur. Les fonctionnaires rassemblés à l'entrée de la ville sur la route de Caen, et tous les corps constitués attendaient l'arrivée des estafettes chargées d'annoncer le cortège impérial, pendant que des guetteurs placés dans les tours de la Cathédrale, devaient prévenir les habitants. Malgré l'heure matinale, une foule énorme s'était portée de ce côté de la ville et, par ses cris réitérés de Vive l'Empereur ! Vive l'Impératrice ! Vive le Roi de Rome ! le maire de Bayeux l'Evêque le Bayeux, Mgr Brault, et son clergé ; et tous les personnages officiels, qui se tenaient sous une vaste tente dressée près de l'église Saint-Exupère, furent prévenus que l'Empereur arrivait à Bayeux.

L'Empereur occupait la première berline avec l'Impératrice. Parvenu sous l'arc de triomphe, fait en forme de porte d'entrée de ville, Napoléon donne ordre d'arrêter.

M. Genas-Duhomme, maire de Bayeux, s'avança vers l'Empereur et lui présenta les clefs de la ville, que Sa Majesté lui rendit en disant qu'elle ne pouvait les remettre en de meilleures mains.

Dix-huit jeunes filles, coiffées de l'élégante bavolette, offraient à l'Impératrice, au nom des ouvrières en dentelles de notre ville, une corbeille contenant un magnifique voile et une robe d'enfant, chefs d'œuvre de l'industrie dentellière bayeusaine ; le tout d'une valeur de 2.000 fr.

Ces jeunes filles étaient présentées par les deux adjoints accompagnés de six conseillers, pendant que Mlle Adam complimentait l'Impératrice. (Mlle Adam devint plus tard Mme Vintras, la première femme du grand-père de MM. Le Mâle.)

Après cette réception, le cortège impérial fit son entrée en ville, au son des cloches et au bruit du canon, en parcourant les rues St-Jean, St-Martin, St-Mâlo, St-André et le quartier St-Patrice, pour gagner la route d'Isigny (2).

Les souverains étaient accompagnés d'une suite nombreuse, l'on remarquait : le vice-roi d'Italie, le grand-duc de Wurtzbourg, oncle de l'Impératrice, le duc de Feltre, ministre de la guerre, le comte Decrès, ministre de la marine, le comte de Montalivet, ministre de l'intérieur, l'aide de camp de l'Empereur le général Lobeau, le comte de Rambuteau, les barons d'Héricy, de Mégrigny, de Beausset, etc. Mme la duchesse de Montebello, la princesse Aldabrandini et plusieurs autres dames d'honneur de Marie-Louise.

Les rues avaient été sablées et les maisons disparaissaient sous les trophées de drapeaux, les guirlandes de fleurs et de verdure ; jamais spectacle plus grandiose n'avait eu lieu à Bayeux.

La municipalité, dit M. Dédouit, dans ses *Souvenirs inédits*, s'était surpassée dans la réception faite à ses hôtes illustres. La dépense s'éleva à 8,200 francs.

La ville de Bayeux eut part aux largesses de l'Empereur, 6,000 fr. furent donnés aux hospices et au bureau de bienfaisance. De plus, par décret daté de Caen, sa cathédrale, son évêché et son grand-séminaire, mutilés pendant la Révolution, devaient être restaurés aux frais de l'Etat.

L'Empereur quitta Bayeux aux acclamations de la foule ; une garde d'honneur, composée des plus notables habitants de la ville, lui fit escorte jusqu'à une distance assez éloignée sur la route d'Isigny.

**

A leur arrivée à Isigny, LL. MM. furent reçues au Pont de la route de Bayeux, sur lequel un arc de triomphe avait été dressé et où le

Maire, M. Lechartier, avec son Conseil municipal et tous les fonctionnaires publics avaient pris place. Après avoir entendu le discours prononcé par le Maire, l'Empereur et l'Impératrice acceptèrent une corbeille de fleurs qui leur fut présentée par Mesdemoiselles Eugénie Pophillat et Adèle Martin, accompagnées de douze autres jeunes filles. Le cortège impérial traversa la ville qui était sablée, passa devant l'église, où le clergé, en habits sacerdotaux, était à la porte principale, pendant que les cloches sonnaient. M. le maire d'Isigny, à cheval, précéda la voiture impériale jusqu'au pont du Petit-Vey, où des dispositions avaient été prises pour assurer le passage sur des ponts provisoires. Le pont du Vey était en construction, les premiers travaux avaient été en partie exécutés par des prisonniers espagnols, dont 400 étaient gardés par des soldats casernés à Isigny.

Dans la soirée, il y eut bal public sur la place Napoléon, et bal chez M. le Maire où tous les fonctionnaires et leurs femmes furent invités (3).

La municipalité, dans son enthousiasme, avait décidé qu'une inscription commémorative serait placée sur un des édifices de la commune, en mémoire de cette grande et honorable journée.

Les événements qui se passèrent peu de temps après, firent oublier cette délibération.

.*.

Après avoir visité les travaux de défense du port de Cherbourg, l'Empereur et sa suite reprirent leur route sur Paris, en revenant par Saint-Lô. Ils firent leur entrée dans Bayeux par la rue Saint-Loup, où ils arrivèrent le 31 mai, à 9 heures du matin.

Leurs Majestés, après avoir été complimentées par le Maire, traversèrent Bayeux sans s'arrêter à l'Hôtel-de-Ville, où des préparatifs avaient été faits pour les recevoir. Une foule énorme n'avait cessé, pendant tout le voyage, de se porter sur les routes et d'acclamer l'Empereur et l'Impératrice.

Tous ces gens venaient voir Celui dont le nom seul faisait trembler les trônes des rois de la vieille Europe ; Celui qui avait enrayé la Révolution et rouvert les églises ; Celui dont les armées victorieuses portaient l'étendard tricolore dans toutes les capitales ; Celui qui, peu de temps après ces jours glorieux, sa mission terminée, devait aller mourir sur un rocher de l'Océan, mais dont les restes devaient être rapportés plus tard en grande pompe, à Paris, pour y recevoir une sépulture grandiose sous le dôme des Invalides.

(1) Vautier, « Histoire de la Ville de Caen ».
(2) M. Dédouit, dans son livre « Souvenirs inédits, Bayeux sous l'Empire », commet une erreur en indiquant la sortie du cortège par la rue St-Loup.
Avant la construction du pont du Vey, la seule route pour aller à Cherbourg, en voiture suspendue, était celle de St-Lo. M. Dédouit devait ignorer qu'à ce moment le pont du Vey était en construction et qu'un pont provisoire avait été établi, ce qui permit aux habitants d'Isigny de voir l'Empereur traverser leur ville.
(3) « Histoire d'Isigny », par M. l'abbé Huet, archiprêtre de la Cathédrale de Bayeux.

C'est à tort que Pluquet indique la date du 28 juillet 1812 pour le voyage de Napoléon Ier à Cherbourg, erreur reproduite plus tard par M. Chigouesnel, dans son « Histoire de Bayeux » et dans d'autres notices.

(Extrait du journal *L'Indicateur de Bayeux*, du 26 Mai 1911).

Bayeux. — Typ. C. COLAS, rue Royale.

www.ingramcontent.com/pod-product-compliance
Lightning Source LLC
Chambersburg PA
CBHW071432060426
42450CB00009BA/2138